新汉语水平考试真题集

HSK（二级）2012版

国家汉办/孔子学院总部　编制

商務印書館

2012年·北京

《新汉语水平考试（HSK）真题集》编委会

前言

2009年11月，新汉语水平考试（HSK）正式实施。两年来，考生数量有了很大增长，2010年，新HSK考生数量为123977人，2011年为179592人，增长幅度达45%。新HSK更好地适应了海外汉语学习者的实际水平，激发了更多考生继续学习汉语的热情，对推动汉语国际推广工作起到了积极的作用。

以孔子学院在世界各地落地生根为标志，全球范围的"汉语热"持续升温，汉语考试规模迅速扩大，这吸引了无数眼球，众多机构急于参与其中。2009年5月，国家语委委托天津市语言文字培训测试中心研发的"汉语口语水平测试（HKC）"开始组织实施；2011年7月，教育部考试中心宣布推出"汉语能力测试（HNC）"；2011年10月，国务院侨办发布信息，决定研制针对海外华裔青少年的"华文水平测试系统"，争取2013年开始在海外测试；2012年2月，上海市教委表示，上海将推进面向在沪外籍人士的"实用汉语能力测试"项目的研发工作，该项目有望年内推出。

短短几年时间，汉语考试领域出现了这么多新面孔，意味着有更多的力量投入到了汉语国际推广事业的洪流中来，它必将推动新HSK向着质量更高、服务更好的方向发展。我们相信，只有在竞争的环境下，在背负市场压力的情况下，新HSK才能获得真正的发展动力，才能永保具用户至上、不断创新的进取精神。只有这样，新HSK才能与考生、考试用户成为共同的赢家。此为正道。

今后，新HSK除了进一步加强自身研发、考务实施、市场推广及考试培训等能力外，还将不断地广泛调研国内外同类汉语考试，知己知彼，取长补短，提升新HSK的竞争优势，更好地服务全球汉语学习者及各类考试用户。

为进一步满足新HSK考生备考的需求，我们继2010年出版《新汉语水平考试真题集》后，于2012年推出《新汉语水平考试真题集2012版》。此套真题集共7册（含口试），每册包含相应等级的5套最新真题。

编　者

2012年2月14日

目 录

新汉语水平考试

HSK（二级）

H21115

注　意

一、HSK（二级）分两部分：

　　1．听力（35 题，约 25 分钟）

　　2．阅读（25 题，22 分钟）

二、**听力结束后，有 3 分钟填写答题卡。**

三、全部考试约 55 分钟（含考生填写个人信息时间 5 分钟）。

中国　北京　　　　国家汉办/孔子学院总部　编制

一、听 力

第一部分

第 1-10 题

例如：		√
		×
1.		
2.		
3.		
4.		
5.		

6.		
7.		
8.		
9.		
10.		

第二部分

第 11-15 题

A

B

C

D

E

F

例如：男：你 喜欢 什么 运动？（Nǐ xǐhuan shénme yùndòng?）

女：我 最 喜欢 踢 足球。（Wǒ zuì xǐhuan tī zúqiú.） D

11. ☐

12. ☐

13. ☐

14. ☐

15. ☐

第 16-20 题

A

B

C

D

E

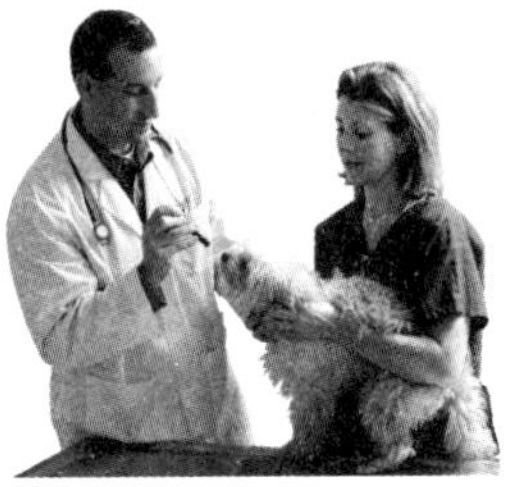

16. □

17. □

18. □

19. □

20. □

第三部分

第 21-30 题

例如：男：Xiǎo Wáng, zhèlǐ yǒu jǐ ge bēizi, nǎge shì nǐ de?
小王，这里有几个杯子，哪个是你的？

女：Zuǒbian nàge hóngsè de shì wǒ de.
左边那个红色的是我的。

问：Xiǎo Wáng de bēizi shì shénme yánsè de?
小王的杯子是什么颜色的？

A hóngsè 红色 ✓　　B hēisè 黑色　　C báisè 白色

21. A yí ge 一个　　B liǎng ge 两个　　C sān ge 三个

22. A qù tiàowǔ 去跳舞　　B qǐng tā hē chá 请她喝茶　　C bāng tā kāi mén 帮他开门

23. A jīdàn 鸡蛋　　B niúnǎi 牛奶　　C shuǐguǒ 水果

24. A qiántiān 前天　　B zuótiān 昨天　　C jīntiān 今天

25. A shǒujī hào 手机号　　B yào qù nǎr 要去哪儿　　C kǎoshì shíjiān 考试时间

26. A shuìjiào 睡觉　　B zuò chuán 坐船　　C huí xuéxiào 回学校

27. A yīyuàn 医院　　B shāngdiàn 商店　　C fànguǎnr 饭馆儿

28. A 50 yuán 元　　B 100 yuán 元　　C 5000 yuán 元

29. A bú guì 不贵　　B hái bú lèi 还不累　　C bú tài lěng 不太冷

30. A tiān yīn le 天阴了　　B chīle zài zǒu 吃了再走　　C méiyǒu mǐfàn 没有米饭

第四部分

第 31-35 题

例如：女：Qǐng zài zhèr xiě nín de míngzi.
请在这儿写您的名字。

男：Shì zhèr ma?
是这儿吗？

女：Bú shì, shì zhèr.
不是，是这儿。

男：Hǎo, xièxie.
好，谢谢。

问：Nán de yào xiě shénme?
男的要写什么？

A míngzi 名字 ✓　　B shíjiān 时间　　C fángjiān hào 房间号

31. A shēngbìng le 生病了　　B xiǎng chī yú 想吃鱼　　C hái méi huí jiā 还没回家

32. A lǚyóu 旅游　　B gōngzuò 工作　　C kàn tā mèimei 看他妹妹

33. A lè 乐　　B xìng 姓　　C xiàng 向

34. A diànnǎo 电脑　　B yǎnjing 眼睛　　C zìxíngchē 自行车

35. A tā dìdi 他弟弟　　B Wáng xiǎojiě 王小姐　　C Wáng xiānsheng 王先生

二、阅 读

第一部分

第 36-40 题

A 　　B

C 　　D

E 　　F

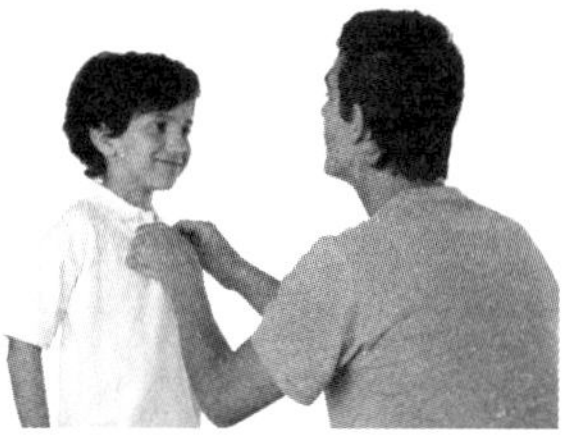

Měi ge xīngqīliù, wǒ dōu qù dǎ lánqiú.
例如：每个星期六，我都去打篮球。 D

Nǐ de yīfu hái méi chuānhǎo ne.
36. 你的衣服还没穿好呢。 □

Bú xià yǔ le, tiān qíng le.
37. 不下雨了，天晴了。 □

Tāmen liǎng ge zhèngzài fángjiān li kàn diànshì.
38. 她们两个正在房间里看电视。 □

Bié shuōhuà le, shuìjiào ba, míngtiān zǎo diǎnr qǐchuáng.
39. 别说话了，睡觉吧，明天早点儿起床。 □

Yǒu shénme wèntí, nǐ kěyǐ gěi wǒ dǎ diànhuà.
40. 有什么问题，你可以给我打电话。 □

第二部分

第 41-45 题

	shǒubiǎo		zhǎo		màn		xǐxi		guì		shēngrì
A	手表	B	找	C	慢	D	洗洗	E	贵	F	生日

Zhèr de yángròu hěn hǎochī, dànshì yě hěn
例如：这儿 的 羊肉 很 好吃 ， 但是 也 很 （ E ）。

Zhè kuàir shì tā qīzi de.
41. 这 块儿（ ）是 他 妻子 的 。

Děng yíxià, píngguǒ zài chī.
42. 等 一下， 苹果 （ ） 再 吃 。

Huānyíng xià cì zài lái, nín zǒu.
43. 欢迎 下 次 再 来， 您（ ） 走 。

Jīntiān shì hào, lí wǒ de hái yǒu yí ge duō xīngqī ne.
44. 今天 是 26 号 ，离 我 的（ ）还 有 一 个 多 星期 呢 。

Kànjiàn Gāo lǎoshī le ma? Wàimiàn yǒu ge xuésheng tā.
45. 女： 看见 高 老师 了 吗 ？ 外面 有 个 学生 （ ）他 。

Tā zài jiàoshì.
男： 他 在 408 教室 。

第三部分

第 46-50 题

Xiànzài shì diǎn fēn, tāmen yǐjīng yóule fēnzhōng le.
例如： 现在 是 11 点 30 分 ， 他们 已经 游了 20 分钟 了 。

Tāmen diǎn fēn kāishǐ yóuyǒng.
★ 他们 11 点 10 分 开始 游泳 。 （ √ ）

Wǒ huì tiàowǔ, dàn tiào de bù zěnmeyàng.
我 会 跳舞 ， 但 跳 得 不 怎么样 。

Tā tiào de fēicháng hǎo.
★ 她 跳 得 非常 好 。 （ × ）

Zhè běn shū shì wǒ xiě de, sòng gěi nǐ, xīwàng néng duì nǐ yǒu bāngzhù.
46. 这 本 书 是 我 写 的 ， 送 给 你， 希望 能 对 你 有 帮助 。

Zhè běn shū hái méi xiěwán.
★ 这 本 书 还 没 写完 。 （ ）

Wǒ měi cì hē kāfēi hòu, wǎnshang dōu shuìbùhǎo jiào, suǒyǐ wǒ hěn shǎo hē kāfēi.
47. 我 每 次 喝 咖啡 后 ， 晚上 都 睡不好 觉 ，所以 我 很 少 喝 咖啡 。

Hē kāfēi huì ràng tā shuìbùhǎo jiào.
★ 喝 咖啡 会 让 他 睡不好 觉 。 （ ）

Bái xiānsheng kěnéng hái bù zhīdào zhè jiàn shìqing, tā zuótiān méi lái shàngbān. Nǐ gěi tā dǎ ge diànhuà, qǐng tā zhǔnbèi yíxià.
48. 白 先生 可能 还 不 知道 这 件 事情 ，他 昨天 没 来 上班 。你 给 他 打 个 电话 ， 请 他 准备 一下 。

Bái xiānsheng zuótiān méi shàngbān.
★ 白 先生 昨天 没 上班 。 （ ）

49\. Jīchǎng lí zhèr hěn yuǎn, zuò gōnggòngqìchē yào yí ge duō xiǎoshí,
机场 离这儿 很 远 ， 坐 公共汽车 要 一个 多 小时 ，

zuò chūzūchē yě yào sì-wǔshí fēnzhōng ba.
坐 出租车 也 要 四五十 分钟 吧 。

Jīchǎng lí zhèr fēicháng jìn.
★ 机场 离这儿 非常 近 。 （ ）

50\. Wǒ kànguo nàge diànyǐng, hái bú cuò, shì wǒ jīnnián kànguo de zuì
我 看过 那个 电影 ， 还 不 错 ， 是 我 今年 看过 的 最

hǎo de diànyǐng.
好 的 电影 。

Tā juéde nàge diànyǐng bù hǎokàn.
★ 他 觉得 那个 电影 不 好看 。 （ ）

第四部分

第51-55题

kuài qián yì jīn.
A 5块钱一斤。

Wǒ dìdi shì cóng qùnián yuè kāishǐ xuéxí Hànyǔ de.
B 我弟弟是从去年8月开始学习汉语的。

Yīshēng shuō duō yùndòng duì nín de shēntǐ hǎo.
C 医生说多运动对您的身体好。

Yí ge hóng de, yí ge bái de, zhēn piàoliang.
D 一个红的，一个白的，真漂亮。

Tā zài nǎr ne? Nǐ kànjiàn tā le ma?
E 他在哪儿呢？你看见他了吗？

Nǐmen xiàwǔ wánr de zěnmeyàng?
F 你们下午玩儿得怎么样？

Tā hái zài jiàoshì li xuéxí.
例如：他还在教室里学习。 E

Bà, wǒmen míngtiān zǎoshang qù pǎobù ba.
51. 爸，我们明天早上去跑步吧。 □

Hái kěyǐ, dàjiā dōu hěn gāoxìng.
52. 还可以，大家都很高兴。 □

Nǐ xǐhuan nǎge?
53. 你喜欢哪个？ □

Yīnwèi gōngsī xiǎng ràng tā qù Zhōngguó gōngzuò.
54. 因为公司想让他去中国工作。 □

Xīguā zěnme mài?
55. 西瓜怎么卖？ □

第 56-60 题

A Gē, zhè shì wǒ de xīn tóngxué.
哥，这是我的新同学。

B Wǒ mǎi de shì huǒchēpiào, shì hòutiān wǎnshang de.
我买的是火车票，是后天晚上的。

C Nǐ hé nǐ zhàngfu shì zěnme rènshi de?
你和你丈夫是怎么认识的？

D Xiàkè hòu wǒmen qù dǎ lánqiú, hǎobuhǎo?
下课后我们去打篮球，好不好？

E Dànshì māma shuō hěn hǎochī, tā chīle hěn duō.
但是妈妈说很好吃，她吃了很多。

56. Jīntiān shì wǒ dì-yī cì zuò cài.
今天是我第一次做菜。 □

57. Nǐ míngtiān shàngwǔ jǐ diǎn de fēijī?
你明天上午几点的飞机？ □

58. Péngyou jièshào de, tā bǐ wǒ dà sān suì.
朋友介绍的，他比我大 3 岁。 □

59. Tiānqì tài rè le, wǒ xiǎng yóuyǒng.
天气太热了，我想游泳。 □

60. Nǐ hǎo, nǐ jiào shénme míngzi?
你好，你叫什么名字？ □

H21115 卷听力材料

（音乐，30 秒，渐弱）

大家好！欢迎参加 HSK（二级）考试。
大家好！欢迎参加 HSK（二级）考试。
大家好！欢迎参加 HSK（二级）考试。

HSK（二级）听力考试分四部分，共 35 题。
请大家注意，听力考试现在开始。

第一部分

一共 10 个题，每题听两次。

例如：我们家有三个人。
　　　我每天坐公共汽车去上班。

现在开始第 1 题：

1. 她买了五个鸡蛋。
2. 他每天都去跑步。
3. 你觉得这个白色的手机怎么样？
4. 她笑着说："没关系。"
5. 我今天有很多衣服要洗。
6. 椅子上的小猫是你的吗？
7. 右边的比左边的小。
8. 他们正在喝咖啡。
9. 她没开电视，她在看报纸呢。
10. 你别说了，我不想听。

第二部分

一共 10 个题，每题听两次。

例如：男：你喜欢什么运动？
　　　女：我最喜欢踢足球。

现在开始第 11 到 15 题：

11．女：帮我看一下，现在几点了？
男：现在快七点十分了。

12．男：这个题你会做吗？
女：对不起，我不会。

13．女：我们去旁边那个商店看看。
男：什么？你还要买什么？

14．男：谢谢你送我回来。
女：不客气，再见，明天见。

15．女：喂，星期六怎么样？
男：不好，为什么不星期日呢？

现在开始第 16 到 20 题：

16．男：怎么？不好吃吗？
女：是，我不爱吃这个菜。

17．女：让我想想再回答好吗？
男：可以，没问题。

18．男：和你一起唱歌的这个人是谁？
女：是我的一个朋友。

19．女：我的狗怎么了？它已经两天没吃东西了。
男：让我看看。

20．男：我喜欢这件黑色的。
女：我也是，但是它不便宜。

第三部分

一共 10 个题，每题听两次。

例如：男：小王，这里有几个杯子，哪个是你的？
女：左边那个红色的是我的。
问：小王的杯子是什么颜色的？

现在开始第 21 题：

21．女：你有几个孩子？
男：我有两个儿子，一个七岁，一个九岁。
问：男的有几个孩子？

22．男：服务员，我房间的门打不开了。
女：请问您住哪个房间？
问：男的找服务员做什么？

23．女：你姐也来了？怎么没看到她？她在哪儿呢？
男：在那儿，她去买一些水果。
问：他姐姐去买什么了？

24．男：桌子上的报纸是今天的吗？
女：不是，那是昨天的报纸。
问：桌子上的报纸是哪天的？

25．女：你能告诉我她的手机号吗？
男：对不起，我也不知道她的手机号。
问：女的想知道什么？

26．男：火车还有一个小时就进站了。
女：太好了，坐了这么长时间，真想回家睡一觉。
问：女的现在最想做什么？

27．女：我们已经到饭馆儿了，你到哪儿了？
男：我在路上，五分钟就到。
问：女的现在在哪儿？

28．男：这是多少钱？
女：五千，每张都是一百的，五十张。
问：那是多少钱？

29．女：过来喝杯水，休息一下吧。
男：谢谢，我不累。
问：男的是什么意思？

30．男：您别忙了，我不在这儿吃饭。
女：菜很快就好，吃了再走吧。
问：女的是什么意思？

第四部分

一共5个题，每题听两次。

例如：女：请在这儿写您的名字。
　　　男：是这儿吗？
　　　女：不是，是这儿。
　　　男：好，谢谢。
　　　问：男的要写什么？

现在开始第31题：

31．男：都快十点了，你还要出去？
　　女：我女儿生病了，我去给她买点儿药。
　　男：要我和你一起去吗？
　　女：没关系，我一个人去就可以了。
　　问：她女儿怎么了？

32．女：这两天怎么没看到小张？
　　男：他去北京了。
　　女：去北京了？是去旅游吗？
　　男：不是，听说是去看他妹妹。
　　问：小张去北京做什么？

33．男：你知道这个字怎么读吗？
　　女：是这个吗？
　　男：不，右边这个。
　　女：这个读“乐”，“快乐”的“乐”。
　　问：男的问的是哪个字？

34．女：有什么事吗？我正忙着呢。
　　男：你帮我看看这个电脑怎么了。
　　女：我也不懂电脑，你问问小雪吧。
　　男：好吧，我去找她。
　　问：男的请女的帮他看什么？

35．男：喂，你好，请问王小姐在吗？
　　女：她不在，她出去了。
　　男：你知道她什么时候回来吗？
　　女：她可能中午就回来了。
　　问：男的在找谁？

听力考试现在结束。

H21115卷答案

一、听 力

第一部分

1. ×	2. √	3. ×	4. ×	5. √
6. √	7. ×	8. ×	9. √	10. √

第二部分

11. C	12. B	13. E	14. F	15. A
16. B	17. C	18. D	19. E	20. A

第三部分

21. B	22. C	23. C	24. B	25. A
26. A	27. C	28. C	29. B	30. B

第四部分

31. A	32. C	33. A	34. A	35. B

二、阅 读

第一部分

36. F	37. A	38. E	39. C	40. B

第二部分

41. A	42. D	43. C	44. F	45. B

第三部分

46. ×	47. √	48. √	49. ×	50. ×

第四部分

51. C	52. F	53. D	54. B	55. A
56. E	57. B	58. C	59. D	60. A

新汉语水平考试

HSK（二级）

H21116

注　　意

一、HSK（二级）分两部分：

　　1．听力（35 题，约 25 分钟）

　　2．阅读（25 题，22 分钟）

二、听力结束后，有 3 分钟填写答题卡。

三、全部考试约 55 分钟（含考生填写个人信息时间 5 分钟）。

中国　北京　　　　国家汉办/孔子学院总部　编制

一、听 力

第一部分

第 1-10 题

例如：		√
		×
1.		
2.	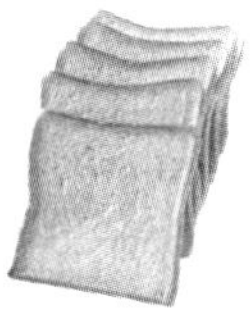	
3.		
4.		
5.		

6.		
7.		
8.		
9.		
10.		

第二部分

第 11-15 题

A

B

C

D

E

F

例如：男：Nǐ xǐhuan shénme yùndòng?
你 喜欢 什么 运动 ？

女：Wǒ zuì xǐhuan tī zúqiú.
我 最 喜欢 踢 足球 。 D

11.

12.

13.

14.

15.

第 16-20 题

A

B

C

D

E

16. □

17. □

18. □

19. □

20. □

第三部分

第21-30题

例如：男：Xiǎo Wáng, zhèlǐ yǒu jǐ ge bēizi, nǎge shì nǐ de?
小王，这里有几个杯子，哪个是你的？

女：Zuǒbian nàge hóngsè de shì wǒ de.
左边那个红色的是我的。

问：Xiǎo Wáng de bēizi shì shénme yánsè de?
小王的杯子是什么颜色的？

A hóngsè 红色 ✓　　B hēisè 黑色　　C báisè 白色

21. A zǎoshang 早上　　B zhōngwǔ 中午　　C wǎnshang 晚上

22. A hěn hǎochī 很好吃　　B hěn piányi 很便宜　　C fēicháng guì 非常贵

23. A xiào 笑　　B yùndòng 运动　　C chànggē 唱歌

24. A bàozhǐ 报纸　　B shǒujī 手机　　C Hànyǔ kèběn 汉语课本

25. A tiān tài rè 天太热　　B tā bú huì 他不会　　C tā tài máng le 他太忙了

26. A tā shēngbìng le 她生病了　　B tā tīngshuō le 她听说了　　C tā tīngbùdǒng 她听不懂

27. A niúnǎi 牛奶　　B hóngchá 红茶　　C kāfēi 咖啡

28. A jiàoshì 教室　　B yīyuàn 医院　　C diànyǐngyuàn 电影院

29. A qíngtiān 晴天　　B yīntiān 阴天　　C xià xuě le 下雪了

30. A 100 yuán 元　　B 1000 yuán 元　　C 1100 yuán 元

第四部分

第 31-35 题

例如：女：Qǐng zài zhèr xiě nín de míngzi.
请 在 这儿 写 您 的 名字 。

男：Shì zhèr ma?
是 这儿 吗 ？

女：Bú shì, shì zhèr.
不 是 ， 是 这儿 。

男：Hǎo, xièxie.
好 ， 谢谢 。

问：Nán de yào xiě shénme?
男 的 要 写 什么 ？

A míngzi 名字 ✓　　B shíjiān 时间　　C fángjiān hào 房间 号

31. A zuò cài 做 菜　　B zuò tí 做 题　　C xiě Hànzì 写 汉字

32. A māo 猫　　B gǒu 狗　　C jīdàn 鸡蛋

33. A liǎng suì 两 岁　　B 4 suì 岁　　C 12 suì 岁

34. A tā de qīzi 他 的 妻子　　B tā de péngyou 他 的 朋友　　C tā de xuésheng 他 的 学生

35. A zǒu lù 走 路　　B zuò chuán 坐 船　　C kāi chē 开 车

二、阅 读

第一部分

第 36-40 题

A

B

C

D

E

F

Měi ge xīngqīliù, wǒ dōu qù dǎ lánqiú.
例如：每个星期六，我都去打篮球。 D

36. Nàge fúwùyuán hěn gāoxìng、hěn kuàilè.
那个服务员很高兴、很快乐。

37. Wǒ juéde tā de yǎnjing zuì piàoliang.
我觉得它的眼睛最漂亮。

38. Tā xiànzài kànbújiàn wǒmen zài nǎr.
她现在看不见我们在哪儿。

39. Yǐjīng diǎn le, wǒ yào huí gōngsī le.
已经 10 点 45 了，我要回公司了。

40. Wǒmen lái kànkan nǐ de zìxíngchē zěnme le.
我们来看看你的自行车怎么了。

第二部分

第 41-45 题

kěyǐ	xǐ	zhǎo	lí	guì	pángbiān
A 可以	B 洗	C 找	D 离	E 贵	F 旁边

Zhèr de yángròu hěn hǎochī, dànshì yě hěn

例如：这儿的羊肉很好吃，但是也很（ E ）。

Zuò nǐ de zhège rén shì shéi?

41. 坐你（ ）的这个人是谁？

Dàjiā dōu bù xiǎng qù nàr, nàr zhèr tài yuǎn le.

42. 大家都不想去那儿，那儿（ ）这儿太远了。

Xīngqītiān? Wǒ méi shénme shìqing, wǒ zhǔnbèi zài jiā yīfu.

43. 星期天？我没什么事情，我准备在家（ ）衣服。

Nǐ hǎo, wǒ qǐng nǐ tiào ge wǔ ma?

44. 你好，我（ ）请你跳个舞吗？

Wéi? Bà, nǐmen zhù nǎge fángjiān? Wǒ qù nǐmen.

45. 女：喂？爸，你们住哪个房间？我去（ ）你们。

Wǒ hé nǐ mā zhù

男：我和你妈住 308。

第三部分

第 46-50 题

Xiànzài shì diǎn fēn, tāmen yǐjīng yóule fēnzhōng le.
例如：现在是 11 点 30 分，他们已经游了 20 分钟了。

Tāmen diǎn fēn kāishǐ yóuyǒng.
★ 他们 11 点 10 分开始游泳。（ √ ）

Wǒ huì tiàowǔ, dàn tiào de bù zěnmeyàng.
我会跳舞，但跳得不怎么样。

Tā tiào de fēicháng hǎo.
★ 她跳得非常好。（ × ）

Wǒ xiānsheng qù shāngdiàn le, qù mǎi diǎnr dōngxi. Děng tā huílái
46. 我先生去商店了，去买点儿东西。等他回来，
wǒ ràng tā gěi nín qù diànhuà ba.
我让他给您去电话吧。

Tā zhàngfu chūqù le.
★ 她丈夫出去了。（ ）

Yīshēng shuō zhège yào měi tiān chī sān cì, yào fàn qián chī, chī
47. 医生说这个药每天吃三次，要饭前吃，吃
yào hòu liǎng ge xiǎoshí bié hē chá.
药后两个小时别喝茶。

Yīshēng shuō duō hē chá duì shēntǐ hǎo.
★ 医生说多喝茶对身体好。（ ）

Wǒ dìdi zài yì jiā diànnǎo gōngsī zhǎole ge gōngzuò. Jīntiān shì tā
48. 我弟弟在一家电脑公司找了个工作。今天是他
dì-yī tiān shàngbān, tā zǎoshang diǎn jiù qǐchuáng le.
第一天上班，他早上 6 点就起床了。

Dìdi jīntiān kāishǐ shàngbān.
★弟弟今天开始上班。（ ）

Jīnnián yuè nǐ yào lái Zhōngguó? Zhēn de ma? Huānyíng nǐ lái

49. 今年 9 月 你 要 来 中国 ？ 真 的 吗 ？ 欢迎 你 来

Běijīng wánr, wǒ xiànzài zài Běijīng Dàxué xuéxí.

北京 玩儿 ，我 现在 在 北京 大学 学习 。

Tā zài Běijīng dú shū.

★ 他 在 北京 读 书 。 ( )

Wáng xiǎojiě, gěi wǒ fēnzhōng, ràng wǒ xiǎngyixiǎng zài huídá nǐ

50. 王 小姐 ，给 我 5 分钟 ，让 我 想一想 再 回答 你

de zhège wèntí, hǎobuhǎo?

的 这个 问题 ， 好不好 ？

Wáng xiǎojiě zhèngzài huídá wèntí.

★ 王 小姐 正在 回答 问题 。 ( )

第四部分

第 51-55 题

A Nǐ hǎo, zhè yú zěnme mài?
你好，这鱼怎么卖？

B Nǐ zhàngfu shì zuò shénme de?
你丈夫是做什么的？

C Nín bié kèqi, wǒ dǎ ge chē jiù kěyǐ le.
您别客气，我打个车就可以了。

D Yánsè hái bú cuò, huìbuhuì yǒu diǎnr dà?
颜色还不错，会不会有点儿大？

E Tā zài nǎr ne? Nǐ kànjiàn tā le ma?
他在哪儿呢？你看见他了吗？

F Bié kàn diànshì le, míngtiān hái yào kǎoshì ne.
别看电视了，明天还要考试呢。

例如：Tā hái zài jiàoshì li xuéxí.
他还在教室里学习。 E

51\. Zuǒbian de kuài qián yì jīn, yòubian de kuài.
左边的 7 块钱一斤，右边的 9 块。 □

52\. Tā qùnián hé tā jiějie yìqǐ kāile ge fànguǎnr.
他去年和他姐姐一起开了个饭馆儿。 □

53\. Nǐ xiàwǔ jǐ diǎn de fēijī? Wǒ sòng nǐ qù jīchǎng.
你下午几点的飞机？我送你去机场。 □

54\. Hǎo ba, wǒ zhè jiù qù shuìjiào.
好吧，我这就去睡觉。 □

55\. Nǐ lái yíxià, zhè zhāng zhuōzi zěnmeyàng?
你来一下，这张桌子怎么样？ □

第 56-60 题

A　Tā xìng Bái, shì wǒ de yí ge péngyou.
他姓白，是我的一个朋友。

B　Yǐzi shang nàge bú shì nǐ de ma?
椅子上那个不是你的吗？

C　Méi guānxi, wǒ hé jǐ ge tóngxué qù dǎ lánqiú.
没关系，我和几个同学去打篮球。

D　Zuò gōnggòngqìchē fēnzhōng jiù dào le.
坐公共汽车 20 分钟就到了。

E　Xià ge yuè hào shì lǎoshī de shēngrì, sòng tā shénme hǎo ne?
下个月 15 号是老师的生日，送他什么好呢？

56. Wàimiàn tiānqì lěng, nǐ chuān de tài shǎo le.
外面天气冷，你穿得太少了。 ☐

57. Mǎi kuàir shǒubiǎo zěnmeyàng?
买块儿手表怎么样？ ☐

58. Nín kànjiàn wǒ de shuǐbēi le ma?
您看见我的水杯了吗？ ☐

59. Gē, nǐ rènshi nàge rén?
哥，你认识那个人？ ☐

60. Cóng zhèr qù huǒchēzhàn yào duō cháng shíjiān?
从这儿去火车站要多长时间？ ☐

H21116 卷听力材料

（音乐，30 秒，渐弱）

大家好！欢迎参加 HSK（二级）考试。
大家好！欢迎参加 HSK（二级）考试。
大家好！欢迎参加 HSK（二级）考试。

HSK（二级）听力考试分四部分，共 35 题。
请大家注意，听力考试现在开始。

第一部分

一共 10 个题，每题听两次。

例如：我们家有三个人。
　　　我每天坐公共汽车去上班。

现在开始第 1 题：

1. 别说话，儿子在睡觉。
2. 今天晚上吃米饭。
3. 她们两个都想要这个。
4. 明天是星期一，不是星期日。
5. 小猫怎么了？它生病了吗？
6. 现在已经十二点了。
7. 走，和我们一起去踢球吧。
8. 这个手机是送给你的。
9. 谢谢您对我的帮助。
10. 我告诉你一件事情。

第二部分

一共 10 个题，每题听两次。

例如：男：你喜欢什么运动？
　　　女：我最喜欢踢足球。

现在开始第 11 到 15 题：

11. 女：我说的没错吧，向右走。
男：好吧，听你的。

12. 男：喂？你在哪儿呢？我怎么没看到你？
女：因为我起晚了，所以……

13. 女：你看这个怎么样？
男：看着还可以，你喜欢就买吧。

14. 男：请进，你有什么事情吗？
女：我找刘老师，她在吗？

15. 女：你坐那儿想什么呢？
男：没想什么，我累了，休息一下。

现在开始第 16 到 20 题：

16. 男：你有弟弟妹妹吗？
女：我有一个妹妹，她比我小一岁。

17. 女：给你介绍本书，你看不看？
男：这本书？我已经看过了。

18. 男：你爱吃什么水果？
女：西瓜，你呢？

19. 女：你怎么还没出门，不去跑步了？
男：去，我现在去。

20. 男：你到哪儿了？
女：我还在出租车上，很快就到。

第三部分

一共 10 个题，每题听两次。

例如：男：小王，这里有几个杯子，哪个是你的？
女：左边那个红色的是我的。
问：小王的杯子是什么颜色的？

现在开始第 21 题：

21．女：天黑了，你路上开车慢一点儿。
男：好的，再见，明天中午见。
问：现在最可能是什么时候？

22．男：你昨天买的苹果很好吃。
女：是吗？那我今天再买一些？
问：昨天买的苹果怎么样？

23．女：你妹妹也爱唱歌？
男：是的，她非常喜欢唱歌，唱得很好。
问：他妹妹喜欢什么？

24．男：今天的报纸你看了吗？
女：还没看呢，怎么了？
问：女的没看什么？

25．女：你会游泳吧？想不想去游泳？
男：现在？现在太热了吧。
问：男的为什么不去游泳？

26．男：下个星期去旅游的事你知道了吗？
女：知道，昨天上午小李告诉我了。
问：女的是什么意思？

27．女：您好！请问您喝点儿什么？
男：给我一杯咖啡，谢谢。
问：男的要喝什么？

28．男：你好，我买两张九点的电影票。
女：对不起，九点的已经卖完了，十点的可以吗？
问：他们最可能在哪儿？

29．女：外面下雨了吗？
男：还没有，但是天阴了。
问：现在天气怎么样？

30．男：这件衣服一百块，真便宜。
女：你看错了，那是一千，那是三个零。
问：那件衣服卖多少钱？

第四部分

一共 5 个题，每题听两次。

例如：女：请在这儿写您的名字。
男：是这儿吗？
女：不是，是这儿。
男：好，谢谢。
问：男的要写什么？

现在开始第 31 题：

31. 男：这些题你都会做？
女：有一个不会做，您帮我看看？
男：没问题，是哪个？我看看。
女：就是这个。
问：女的在做什么？

32. 女：你去哪儿了？
男：我去找我的猫了。
女：找猫？找到了吗？
男：还没有，不知道跑哪里去了。
问：男的在找什么？

33. 男：这两个都是您的孩子？
女：是，这是我儿子，这是我女儿。
男：他们多大了？
女：儿子四岁了，女儿两岁。
问：她儿子几岁了？

34. 女：你听，是不是有人在叫你？
男：没有吧，你听错了。
女：你听，是有人在叫"高新"。
男：是，是我爱人在叫我。
问：谁在叫男的？

35. 男：你每天怎么去上班？
女：我开车，我家离学校很远。你呢？
男：我走路去，从我家到学校走二十分钟就到了。
女：真好，我也希望能住得近点儿。
问：女的每天怎么去上班？

听力考试现在结束。

H21116 卷答案

一、听 力

第一部分

1. √　2. ×　3. √　4. √　5. ×
6. √　7. ×　8. ×　9. ×　10. √

第二部分

11. A　12. C　13. F　14. B　15. E
16. A　17. D　18. E　19. B　20. C

第三部分

21. C　22. A　23. C　24. A　25. A
26. B　27. C　28. C　29. B　30. B

第四部分

31. B　32. A　33. B　34. A　35. C

二、阅 读

第一部分

36. E　37. C　38. B　39. A　40. F

第二部分

41. F　42. D　43. B　44. A　45. C

第三部分

46. √　47. ×　48. √　49. √　50. ×

第四部分

51. A　52. B　53. C　54. F　55. D
56. C　57. E　58. B　59. A　60. D

新汉语水平考试

HSK（二级）

H21117

注　意

一、HSK（二级）分两部分：

　　1．听力（35 题，约 25 分钟）

　　2．阅读（25 题，22 分钟）

二、听力结束后，有 3 分钟填写答题卡。

三、全部考试约 55 分钟（含考生填写个人信息时间 5 分钟）。

中国　北京　　　　国家汉办/孔子学院总部　编制

一、听 力

第一部分

第 1-10 题

例如：		√
		×
1.		
2.		
3.		
4.		
5.		

6.		
7.		
8.	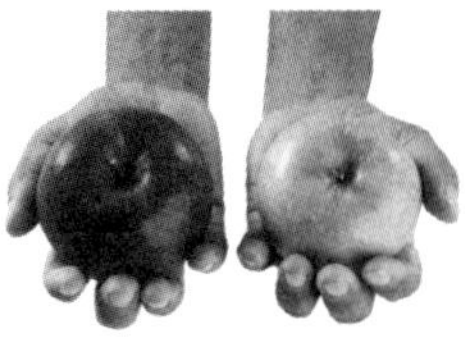	
9.		
10.		

第二部分

第 11-15 题

A

B

C

D

E

F

例如：男：你喜欢什么运动？（Nǐ xǐhuan shénme yùndòng?）
女：我最喜欢踢足球。（Wǒ zuì xǐhuan tī zúqiú.） D

11. ☐

12. ☐

13. ☐

14. ☐

15. ☐

第 16-20 题

A

B

C

D

E

16. □

17. □

18. □

19. □

20. □

第三部分

第 21-30 题

例如：男：Xiǎo Wáng, zhèlǐ yǒu jǐ ge bēizi, nǎge shì nǐ de?
小王，这里有几个杯子，哪个是你的？

女：Zuǒbian nàge hóngsè de shì wǒ de.
左边那个红色的是我的。

问：Xiǎo Wáng de bēizi shì shénme yánsè de?
小王的杯子是什么颜色的？

A hóngsè 红色 ✓　　B hēisè 黑色　　C báisè 白色

21. A pǎobù 跑步　　B dǎ chē 打车　　C kāi chē 开车

22. A 6：00　　B 9：00　　C 9：06

23. A bú ài chī 不爱吃　　B cài lěng le 菜冷了　　C tiānqì tài rè 天气太热

24. A bù gāoxìng 不高兴　　B huì tiàowǔ le 会跳舞了　　C huì jiào bàba le 会叫爸爸了

25. A tài dà 太大　　B hěn guì 很贵　　C hěn piányi 很便宜

26. A kàn bàozhǐ 看报纸　　B kàn diànshì 看电视　　C xǐ shuǐguǒ 洗水果

27. A 11 ge 个　　B 15 ge 个　　C 17 ge 个

28. A kāfēi 咖啡　　B diànnǎo 电脑　　C diànyǐngpiào 电影票

29. A jīchǎng 机场　　B shāngdiàn 商店　　C yīyuàn 医院

30. A fēicháng máng 非常忙　　B shēngbìng le 生病了　　C méi qù kǎoshì 没去考试

第四部分

第31-35题

例如：女：Qǐng zài zhèr xiě nín de míngzi.
请在这儿写您的名字。

男：Shì zhèr ma?
是这儿吗？

女：Bú shì, shì zhèr.
不是，是这儿。

男：Hǎo, xièxie.
好，谢谢。

问：Nán de yào xiě shénme?
男的要写什么？

A míngzi 名字 ✓　　B shíjiān 时间　　C fángjiān hào 房间号

31. A xīguā 西瓜　　B mǐfàn 米饭　　C niúnǎi 牛奶

32. A hěn lèi 很累　　B shìqing duō 事情多　　C duì shēntǐ hǎo 对身体好

33. A 406　　B 604　　C 614

34. A gōngsī 公司　　B xuéxiào 学校　　C fànguǎnr 饭馆儿

35. A tiān qíng le 天晴了　　B zài hòumiàn 在后面　　C tā dà yí suì 她大一岁

二、阅 读

第一部分

第 36-40 题

A

B

C

D

E

F

Měi ge xīngqīliù, wǒ dōu qù dǎ lánqiú.
例如：每个星期六，我都去打篮球。 D

Sān ge jīdàn, shìbushì tài shǎo le?
36. 三个鸡蛋，是不是太少了？

Kàn wǒ zhèr, dàjiā xiàoyixiào, yī、èr、sān.
37. 看我这儿，大家笑一笑，一、二、三。

Wǒ bú huì zuò zhège tí, nǐ huì ma?
38. 我不会做这个题，你会吗？

Zhè jiàn yīfu mài bú shì yuán.
39. 这件衣服卖1000，不是100元。

Mén kāizhe ne, qǐng jìn.
40. 门开着呢，请进。

第二部分

第41-45题

A	B	C	D	E	F
zuǒbian 左边	cuò 错	děng 等	lánqiú 篮球	guì 贵	wèn 问

Zhèr de yángròu hěn hǎochī, dànshì yě hěn

例如：这儿 的 羊肉 很 好吃 ， 但是 也 很 （ E ）。

Qǐng nín shì Xiè lǎoshī ma?

41. 请 （ ）， 您 是 谢 老师 吗 ？

Huǒchēzhàn zài lù de

42. 火车站 在 路 的（ ）。

Zhōngguórén de xìng zài míngzi de qiánmiàn, nǐ xiě le.

43. 中国人 的 姓 在 名字 的 前面 ，你 写（ ） 了 。

wǒ dǎwán zhège diànhuà, wǒ qù zhǎo nǐ.

44.（ ）我 打完 这个 电话 ，我 去 找 你 。

Nǐ dìdi xǐhuan yóuyǒng ma?

45. 女：你 弟弟 喜欢 游泳 吗 ？

Tā bú tài xǐhuan yóuyǒng, tā xǐhuan dǎ

男：他 不 太 喜欢 游泳 ，他 喜欢 打（ ）。

第三部分

第46-50题

例如：
Xiànzài shì diǎn fēn, tāmen yǐjīng yóule fēnzhōng le.
现在 是 11 点 30 分 ，他们 已经 游了 20 分钟 了 。

Tāmen diǎn fēn kāishǐ yóuyǒng.
★ 他们 11 点 10 分 开始 游泳 。 （ ✓ ）

Wǒ huì tiàowǔ, dàn tiào de bù zěnmeyàng.
我 会 跳舞 ，但 跳 得 不 怎么样 。

Tā tiào de fēicháng hǎo.
★ 她 跳 得 非常 好 。 （ × ）

46\. Màn yìdiǎnr, nǐ zǒu de tài kuài le. Wǒmen qù nàge cháguǎnr hē bēi chá hǎobuhǎo?
慢 一点儿，你 走 得 太 快 了 。我们 去 那个 茶馆儿 喝 杯 茶 好不好 ？

Tā xiǎng qù hē chá.
★ 他 想 去 喝 茶 。 （ ）

47\. Nǚ'ér ràng wǒ gàosu nǐ, tā jīntiān wǎnshang hé tóngxué zài wàimiàn chī fàn, wǎn diǎnr huílái.
女儿 让 我 告诉 你，她 今天 晚上 和 同学 在 外面 吃 饭 ，晚 点儿 回来 。

Nǚ'ér jīnwǎn huí jiā chī fàn.
★ 女儿 今晚 回 家 吃 饭 。 （ ）

48\. Gēge xīwàng míngtiān shì ge hǎo tiānqì, yīnwèi zhè liǎng tiān tiāntiān xià yǔ, tā bù néng chūqù tī zúqiú.
哥哥 希望 明天 是 个 好 天气 ，因为 这 两 天 天天 下 雨 ，他 不 能 出去 踢 足球 。

Gēge zuótiān tī zúqiú le.
★ 哥哥 昨天 踢 足球 了 。 （ ）

Zhōngwǔ chī fàn de shíhou, érzi sòng wǒ yí kuàir shǒubiǎo, duì wǒ
49. 中午 吃 饭 的 时候，儿子 送 我 一 块儿 手表，对 我

shuō: "Māma, shēngrì kuàilè!"
说："妈妈，生日 快乐！"

Jīntiān shì érzi de shēngrì.
★ 今天 是 儿子 的 生日。（ ）

Nǐ wèn de zhège wèntí hěn yǒu yìsi, wǒ hái méi xiǎngguo, wǒ yào
50. 你 问 的 这个 问题 很 有 意思，我 还 没 想过，我 要

xiǎngxiang zěnme huídá, míngtiān gàosu nǐ kěyǐ ma?
想想 怎么 回答，明天 告诉 你 可以 吗？

Tā xīwàng míngtiān huídá zhège wèntí.
★ 他 希望 明天 回答 这个 问题。（ ）

第四部分

第 51-55 题

A Dàjiā dōu xiǎng zuò chuán qù.
大家 都 想 坐 船 去。

B Zhège shǒujī zěnmeyàng? Hái kěyǐ ba?
这个 手机 怎么样？还 可以 吧？

C Huānyíng nǐ xià cì zài lái wánr, zàijiàn.
欢迎 你 下 次 再 来 玩儿，再见。

D Tā zhǎodào gōngzuò le.
她 找到 工作 了。

E Tā zài nǎr ne? Nǐ kànjiàn tā le ma?
他 在 哪儿 呢？你 看见 他 了 吗？

F Yǎnjing hǎo duō le ba?
眼睛 好 多 了 吧？

例如： Tā hái zài jiàoshì li xuéxí.
他 还 在 教室 里 学习。 [E]

51. Yánsè bù hǎokàn, wǒ xiǎng yào báisè de.
颜色 不 好看，我 想 要 白色 的。 [ ]

52. Tiān hēi le, wǒ yào huíqù le.
天 黑 了，我 要 回去 了。 [ ]

53. Shì, yào yǐjīng chī le, xiànzài méi shì le.
是，药 已经 吃 了，现在 没 事 了。 [ ]

54. Gāo xiǎojiě zuótiān shì dì-yī tiān shàngbān.
高 小姐 昨天 是 第一 天 上班。 [ ]

55. Méi wèntí, wǒ qù mǎi piào, nǐmen zài zhèr děng wǒ.
没 问题，我 去 买 票，你们 在 这儿 等 我。 [ ]

第 56-60 题

A
Bié kèqi, xīwàng nǐ néng xǐhuan.
别客气，希望你能喜欢。

B
Jiě, nǐ kànjiàn wǒ de xiǎo māo le ma?
姐，你看见我的小猫了吗？

C
Shéi dōu zhīdào pǎobù duì shēntǐ hǎo.
谁都知道跑步对身体好。

D
Shàng ge xīngqī zěnme méi kàndào nǐ?
上个星期怎么没看到你？

E
Nǐ rènshi nàge yīshēng?
你认识那个医生？

56.
Zhè běn shū shì gěi wǒ de ma? Xièxie nǐ!
这本书是给我的吗？谢谢你！ □

57.
Shì, tā shì wǒ xiānsheng de péngyou.
是，他是我先生的朋友。 □

58.
Tā zài nàr, zài yǐzi xiàmiàn shuìjiào ne.
它在那儿，在椅子下面睡觉呢。 □

59.
Wǒ hé qīzi yìqǐ qù Běijīng lǚyóule jǐ tiān.
我和妻子一起去北京旅游了几天。 □

60.
Dànshì wǒ gōngzuò tài máng le, méiyǒu shíjiān qù yùndòng.
但是我工作太忙了，没有时间去运动。 □

H21117卷听力材料

（音乐，30秒，渐弱）

大家好！欢迎参加HSK（二级）考试。
大家好！欢迎参加HSK（二级）考试。
大家好！欢迎参加HSK（二级）考试。

HSK（二级）听力考试分四部分，共35题。
请大家注意，听力考试现在开始。

第一部分

一共10个题，每题听两次。

例如：我们家有三个人。
　　　我每天坐公共汽车去上班。

现在开始第1题：

1. 这些菜是你买的？
2. 因为天气冷，所以她没去游泳。
3. 你向上看，那是什么？
4. 谢谢你，我不喝茶，我喝水。
5. 他在房间里学习呢。
6. 我的自行车是红色的。
7. 你说什么？我听不到。
8. 这两个苹果，你想吃哪个？
9. 她笑着说："我懂了。"
10. 上个星期日我是开车去的。

第二部分

一共10个题，每题听两次。

例如：男：你喜欢什么运动？
　　　女：我最喜欢踢足球。

现在开始第11到15题：

11．女：我介绍一下，这是我丈夫。
男：认识你很高兴。

12．男：你会写“帮助”的“助”这个字吗？
女：会写，你看，这样写。

13．女：你旁边这个人是谁？
男：钱老师，我的汉语老师。

14．男：你的狗这几天怎么样？
女：好多了，它已经开始吃东西了。

15．女：怎么了？累了？
男：有点儿，很长时间没运动了。

现在开始第 16 到 20 题：

16．男：这些书你都读了？
女：没呢，这些都是新书。

17．女：在哪儿呢？
男：就在右边，你看到了吗？很近。

18．男：服务员，你们这儿什么菜最好吃？
女：这个鱼很不错。

19．女：女儿今天没去上课？
男：她和同学唱歌去了。

20．男：天阴了，可能要下雨。
女：外面已经在下雨了。

第三部分

一共 10 个题，每题听两次。

例如：男：小王，这里有几个杯子，哪个是你的？
女：左边那个红色的是我的。
问：小王的杯子是什么颜色的？

现在开始第 21 题：

21. 女：现在没有公共汽车了吧？
男：没关系，我们坐出租车回去。
问：男的准备怎么回去？

22. 男：你妹妹下午几点到？
女：六点，因为下雪，飞机晚了一个小时。
问：飞机几点到？

23. 女：你怎么不吃羊肉？不好吃吗？
男：不是，我不喜欢吃羊肉。
问：男的为什么不吃羊肉？

24. 男：你孩子会说话了吗？
女：他会叫“爸爸”了，但是还不会叫“妈妈”。
问：孩子现在怎么样？

25. 女：这件衣服太贵了，不买了。
男：你穿着真的很漂亮，买！
问：女的觉得那件衣服怎么样？

26. 男：你妈在家做什么呢？
女：她在看报纸。
问：妈妈正在做什么？

27. 女：教室里现在有多少个学生？
男：二十四个，十一个男同学，十三个女同学。
问：教室里有多少个男同学？

28. 男：你好，我要两张八点的。
女：对不起，八点的已经卖完了。
问：男的最可能在买什么？

29. 女：这儿离医院远吗？
男：不远，步行十几分钟就到了。
问：女的要去哪儿？

30. 男：你昨天上午怎么没来玩儿？
女：昨天我生病了，在家休息了一天。
问：女的昨天怎么了？

第四部分

一共 5 个题，每题听两次。

例如：女：请在这儿写您的名字。
男：是这儿吗？
女：不是，是这儿。
男：好，谢谢。
问：男的要写什么？

现在开始第 31 题：

31．男：今天西瓜怎么卖？
女：一块二一斤。
男：那比昨天便宜。
女：是，比昨天便宜一些。
问：他们在说什么？

32．女：你每天早上几点起床？
男：六点。
女：你起得真早。
男：我睡得也早，我每天晚上十点就睡觉，早睡早起身体好。
问：男的觉得早睡早起怎么样？

33．男：喂，王老师，您现在住哪儿？
女：我住北京饭店。
男：您住哪个房间？我明天想去看看您。
女：好，我住六零四。
问：女的住哪个房间？

34．女：你还在上学吗？
男：不，我从去年七月就开始上班了。
女：是吗？你在哪儿工作？
男：我在一个学校工作。
问：男的在哪儿工作？

35．男：你的生日是四月二十八号？
女：是，你的生日是哪天？
男：我也是那天生日。我是八七年的，你呢？
女：那我比你大一岁。
问：女的是什么意思？

听力考试现在结束。

H21117 卷答案

一、听 力

第一部分

1. × 2. × 3. √ 4. √ 5. ×
6. × 7. √ 8. √ 9. × 10. √

第二部分

11. C 12. A 13. F 14. E 15. B
16. D 17. A 18. E 19. B 20. C

第三部分

21. B 22. A 23. A 24. C 25. B
26. A 27. A 28. C 29. C 30. B

第四部分

31. A 32. C 33. B 34. B 35. C

二、阅 读

第一部分

36. B 37. A 38. F 39. C 40. E

第二部分

41. F 42. A 43. B 44. C 45. D

第三部分

46. √ 47. × 48. × 49. × 50. √

第四部分

51. B 52. C 53. F 54. D 55. A
56. A 57. E 58. B 59. D 60. C

新汉语水平考试

HSK（二级）

H21118

注　　意

一、HSK（二级）分两部分：

　　1. 听力（35 题，约 25 分钟）

　　2. 阅读（25 题，22 分钟）

二、听力结束后，有 **3** 分钟填写答题卡。

三、全部考试约 55 分钟（含考生填写个人信息时间 5 分钟）。

中国　北京　　　　国家汉办/孔子学院总部　编制

一、听 力

第一部分

第 1-10 题

例如：		√
		×
1.		
2.		
3.	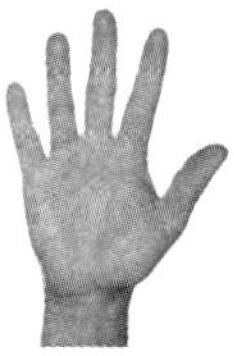	
4.		
5.		

6.		
7.		
8.		
9.		
10.		

第二部分

第 11-15 题

A

B

C

D

E

F

Nǐ xǐhuan shénme yùndòng?
例如：男：你 喜欢 什么 运动 ？

Wǒ zuì xǐhuan tī zúqiú.
女：我 最 喜欢 踢 足球 。 D

11.

12.

13.

14.

15.

第 16-20 题

A

B

C

D

E

16.

17.

18.

19.

20.

第三部分

第 21-30 题

例如：男： Xiǎo Wáng, zhèlǐ yǒu jǐ ge bēizi, nǎge shì nǐ de?
小王，这里有几个杯子，哪个是你的？

女： Zuǒbian nàge hóngsè de shì wǒ de.
左边那个红色的是我的。

问： Xiǎo Wáng de bēizi shì shénme yánsè de?
小王的杯子是什么颜色的？

A hóngsè 红色 ✓　　B hēisè 黑色　　C báisè 白色

21. A méi tīngdǒng 没听懂　　B hěn kuàilè 很快乐　　C xiànzài kāishǐ 现在开始

22. A shāngdiàn 商店　　B xuéxiào 学校　　C huǒchēzhàn 火车站

23. A yángròu 羊肉　　B yǐzi 椅子　　C diànshì 电视

24. A tóngxué 同学　　B dìdi 弟弟　　C yīshēng 医生

25. A tiān yīn le 天阴了　　B qù dǎ qiú le 去打球了　　C qù chànggē le 去唱歌了

26. A hái kěyǐ 还可以　　B bú tài hǎo 不太好　　C fēicháng hǎo 非常好

27. A qù yóuyǒng 去游泳　　B duō xiūxi 多休息　　C shǎo chī yào 少吃药

28. A shū 书　　B shǒujī 手机　　C shǒubiǎo 手表

29. A lǎoshī 老师　　B xuésheng 学生　　C fúwùyuán 服务员

30. A méi wèntí 没问题　　B tài guì le 太贵了　　C mǎi xiē píngguǒ 买些苹果

第四部分

第31-35题

例如：女：Qǐng zài zhèr xiě nín de míngzi.
请在这儿写您的名字。

男：Shì zhèr ma?
是这儿吗？

女：Bú shì, shì zhèr.
不是，是这儿。

男：Hǎo, xièxie.
好，谢谢。

问：Nán de yào xiě shénme?
男的要写什么？

A míngzi 名字 ✓　　B shíjiān 时间　　C fángjiān hào 房间号

31. A tài rè le 太热了　　B bié shuōhuà 别说话　　C zǎo diǎnr shuì 早点儿睡

32. A hěn lèi 很累　　B hěn gāoxìng 很高兴　　C shēngbìng le 生病了

33. A zǒu lù 走路　　B zuò chuán 坐船　　C zuò chūzūchē 坐出租车

34. A xiǎo hóng 小红　　B xiǎo hēi 小黑　　C dà hēi 大黑

35. A 5 nián 年　　B 7 nián 年　　C 12 nián 年

二、阅 读

第一部分

第 36-40 题

A

B

C

D

E

F

Měi ge xīngqīliù, wǒ dōu qù dǎ lánqiú.
例如：每个星期六，我都去打篮球。 D

Tā zhèngzài xuéxí kāi chē.
36. 他正在学习开车。 □

Xiàng yòu, zài xiàng yòu yìdiǎnr, hǎo.
37. 向右，再向右一点儿，好。 □

Wǒ lái jièshào yíxià, tā jiù shì wǒ zhàngfu.
38. 我来介绍一下，他就是我丈夫。 □

Shéi néng gàosu wǒ zhège zì zěnme dú?
39. 谁能告诉我这个字怎么读？ □

Duō chī shuǐguǒ duì shēntǐ hǎo, nǐ yě lái yí ge ba?
40. 多吃水果对身体好，你也来一个吧？ □

第二部分

第41-45题

cì	xīwàng	jiàoshì	yǐjīng	guì	jìn
A 次	B 希望	C 教室	D 已经	E 贵	F 近

Zhèr de yángròu hěn hǎochī, dànshì yě hěn

例如：这儿的羊肉很好吃，但是也很（ E ）。

Wǒ jiějie shì dì-yī lái Zhōngguó lǚyóu.

41. 我姐姐是第一（　　）来中国旅游。

Tā jiā lí gōngsī hěn zǒu lù fēnzhōng jiù néng dào.

42. 她家离公司很（　　），走路15分钟就能到。

Jīntiān xiàwǔ wǒmen zài nǎge shàngkè?

43. 今天下午我们在哪个（　　）上课？

Wàimiàn xià yǔ le? Zhēn míngtiān shì ge qíngtiān.

44. 外面下雨了？真（　　）明天是个晴天。

Wǒ xià fēijī le, nǐ zài nǎr ne?

45. 女：我（　　）下飞机了，你在哪儿呢？

Duìbuqǐ, nǐ děng wǒ yíxià, wǒ hěn kuài jiù dào jīchǎng le.

男：对不起，你等我一下，我很快就到机场了。

第三部分

第 46-50 题

例如：
Xiànzài shì diǎn fēn, tāmen yǐjīng yóule fēnzhōng le.
现在是 11 点 30 分，他们已经游了 20 分钟了。

Tāmen diǎn fēn kāishǐ yóuyǒng.
★ 他们 11 点 10 分开始游泳。 （ ✓ ）

Wǒ huì tiàowǔ, dàn tiào de bù zěnmeyàng.
我会跳舞，但跳得不怎么样。

Tā tiào de fēicháng hǎo.
★ 她跳得非常好。 （ × ）

46\.
Wǒ shì nián yuè lái Běijīng gōngzuò de. Wǒ yǒu ge tóngxué zài Běijīng, tā lái Běijīng hǎo jǐ nián le.
我是 2009 年 4 月来北京工作的。我有个同学在北京，她来北京好几年了。

Tóngxué shì qùnián lái Běijīng de.
★ 同学是去年来北京的。 （ ）

47\.
Wǎnshang wǒmen huí jiā chī ba, wǒ qù mǎi diǎnr cài, zài mǎi xiē jīròu.
晚上我们回家吃吧，我去买点儿菜，再买些鸡肉。

Tā yào qù fànguǎnr.
★ 他要去饭馆儿。 （ ）

48\.
Gē, nǐ zhè jǐ tiān máng shénme ne? Hǎo cháng shíjiān méi gěi wǒmen dǎ diànhuà le, mā ràng wǒ wèn nǐ jǐ hào huílái?
哥，你这几天忙什么呢？好长时间没给我们打电话了，妈让我问你几号回来？

Māma bù zhīdào érzi nǎ tiān huílái.
★ 妈妈不知道儿子哪天回来。 （ ）

Xièxie nín, méiyǒu nín de bāngzhù, zhè jiàn shìqing kěnéng dào jīntiān
49. 谢谢 您 ,没有 您 的 帮助 ,这 件 事情 可能 到 今天

wǎnshang yě zuòbùwán.
晚上 也 做不完 。

Shìqing yǐjīng zuòwán le.
★ 事情 已经 做完 了 。 (   )

Qīzi měi tiān shuìjiào qián dōu yào hē yì bēi niúnǎi, tā shuō zhèyàng
50. 妻子 每 天 睡觉 前 都 要 喝 一 杯 牛奶 ,她 说 这样

kěyǐ shuì de hǎo yìxiē.
可以 睡 得 好 一些 。

Qīzi qǐchuáng hòu yào hē niúnǎi.
★妻子 起床 后 要 喝 牛奶 。 (   )

第四部分

第 51-55 题

Zuótiān shì wǒ de shēngrì, zhè shì wǒ bà mā sòng wǒ de.
A 昨天 是 我 的 生日 ， 这 是 我 爸 妈 送 我 的 。

Nín dōu gōngjīn le, yào duō yùndòng.
B 您 都 78 公斤 了 ， 要 多 运动 。

Tīngshuō tā háizi shēngbìng le, tā qù yīyuàn le.
C 听说 她 孩子 生病 了 ， 她 去 医院 了 。

Qǐng jìn, huānyíng nǐmen lái wǒ jiā wánr.
D 请 进 ， 欢迎 你们 来 我 家 玩儿 。

Tā zài nǎr ne? Nǐ kànjiàn tā le ma?
E 他 在 哪儿 呢 ？ 你 看见 他 了 吗 ？

Wǒ zuò de cài zěnmeyàng? Hái kěyǐ ba?
F 我 做 的 菜 怎么样 ？ 还 可以 吧 ？

Tā hái zài jiàoshì li xuéxí.
例如：他 还 在 教室 里 学习 。 [E]

Wǒ gěi dàjiā zhǔnbèile chá hé kāfēi, nǐ xiǎng he shénme?
51. 我 给 大家 准备了 茶 和 咖啡 ， 你 想 喝 什么 ？ [ ]

Bái lǎoshī jīntiān zěnme méi lái shàngbān?
52. 白 老师 今天 怎么 没 来 上班 ？ [ ]

Míngtiān zǎoshang hé wǒ qù pǎobù ba.
53. 明天 早上 和 我 去 跑步 吧 。 [ ]

Wǒ juéde fēicháng hǎochī.
54. 我 觉得 非常 好吃 。 [ ]

Nǐ mǎi xīn zìxíngchē le? Zhēn piàoliang!
55. 你 买 新 自行车 了 ？ 真 漂亮 ！ [ ]

第 56-60 题

A
Zhège diànnǎo duōshao qián?
这个 电脑 多少 钱 ？

B
Yǒu diǎnr lěng, chūqù de shíhou duō chuān jiàn yīfu.
有 点儿 冷 ， 出去 的 时候 多 穿 件 衣服。

C
Gāo xiǎojiě sòng wǒ liǎng zhāng diànyǐngpiào.
高 小姐 送 我 两 张 电影票 。

D
Yīnwèi tài yuǎn, suǒyǐ nǚ'ér zhù wǒ péngyou nàr.
因为 太 远 ， 所以 女儿 住 我 朋友 那儿。

E
Tā shì wǒ de xuésheng, nǐ bú rènshi tā?
他 是 我 的 学生 ， 你 不 认识 他 ？

56.
Hěn piányi, xiànzài mài kuài.
很 便宜 ， 现在 卖 3699 块 。 □

57.
Xīngqī'èr nǐ yǒu shíjiān qù kàn ma?
星期二 你 有 时间 去 看 吗 ？ □

58.
Wàimiàn tiānqì zěnmeyàng?
外面 天气 怎么样 ？ □

59.
Cóng jiā dào xuéxiào, zuò gōnggòngqìchē yào liǎng ge xiǎoshí.
从 家 到 学校 ， 坐 公共汽车 要 两 个 小时 。 □

60.
Wǒmen bú shì yìqǐ tīguo zúqiú ma?
我们 不 是 一起 踢过 足球 吗 ？ □

H21118卷听力材料

（音乐，30秒，渐弱）

大家好！欢迎参加HSK（二级）考试。
大家好！欢迎参加HSK（二级）考试。
大家好！欢迎参加HSK（二级）考试。

HSK（二级）听力考试分四部分，共35题。
请大家注意，听力考试现在开始。

第一部分

一共10个题，每题听两次。

例如：我们家有三个人。
　　　我每天坐公共汽车去上班。

现在开始第1题：

1. 现在是十点二十。
2. 你们别找了，在我这儿呢。
3. 上个星期日是四号。
4. 她很喜欢吃西瓜。
5. 喂，我到了，你在哪儿？
6. 这本书是老师送给你的。
7. 对不起，我没看见。
8. 他上午去买了一块儿手表。
9. 他正忙着洗水果呢。
10. 你在写什么？我可以看看吗？

第二部分

一共10个题，每题听两次。

例如：男：你喜欢什么运动？
　　　女：我最喜欢踢足球。

现在开始第11到15题：

11．女：中午在公司吃什么了？
男：我们中午吃的是米饭。

12．男：你不会做哪个题？是这个吗？
女：不是，是旁边这个。

13．女：这件颜色不错，多少钱？
男：这儿写着呢，三百五，不贵。

14．男：那张桌子没人，我们坐那儿吧。
女：好，可以。

15．女：哪个是你妹妹？
男：那边，那个在喝水的就是我妹妹。

现在开始第16到20题：

16．男：你笑什么呢？
女：没什么，这本书很有意思。

17．女：姓"元"？哪个"元"？
男："元、角、分"的"元"，你别打错了。

18．男：写了一天了，累了吧？
女：有一点儿，我想出去走走。

19．女：生日快乐，希望你喜欢。
男：谢谢姐姐。

20．男：你家的猫爱吃什么？
女：它最爱吃小鱼。

第三部分

一共10个题，每题听两次。

例如：男：小王，这里有几个杯子，哪个是你的？
女：左边那个红色的是我的。
问：小王的杯子是什么颜色的？

现在开始第21题：

21. 女：这个问题你会回答吗？
男：对不起，我没听懂，您可以说得慢一点儿吗？
问：男的是什么意思？

22. 男：喂，你知道小雪住哪个房间吗？
女：六零四，她现在不在房间里，她去火车站了。
问：小雪去哪儿了？

23. 女：你昨天送来的羊肉非常好吃，谢谢你。
男：不客气。
问：男的送女的什么了？

24. 男：昨天来找你的那个人是你先生吗？
女：不是，那是我同学。
问：昨天谁来找女的了？

25. 女：你怎么没洗衣服？
男：中午打篮球了，我现在就去洗。
问：男的为什么没洗衣服？

26. 男：儿子这次考试考得怎么样？
女：还不错，比上次好一些。
问：儿子考得怎么样？

27. 女：爸爸，别看报纸了，医生说您要多休息。
男：没关系，我吃药了，现在已经好多了。
问：女的希望男的怎么样？

28. 男：你在找什么呢？
女：我的手机不知道哪儿去了，你看见没？
问：女的在找什么？

29. 女：服务员，你会说汉语？
男：会，但是我说得不太好。
问：男的是做什么的？

30. 男：妈，我们去买鸡蛋，您要买什么东西吗？
女：再买些苹果吧。
问：女的是什么意思？

第四部分

一共 5 个题，每题听两次。

例如：女：请在这儿写您的名字。
男：是这儿吗？
女：不是，是这儿。
男：好，谢谢。
问：男的要写什么？

现在开始第 31 题：

31．男：你的眼睛怎么红了？
女：是吗？可能是没休息好。
男：那今天晚上早点儿睡觉吧。
女：好的，没问题。
问：男的是什么意思？

32．女：给我开门的那个男孩子是谁？
男：是我弟弟，你没见过他？
女：我是第一次见。他今天很高兴？
男：是，他明天要去北京。
问：弟弟今天怎么样？

33．男：我给你叫出租车了。
女：谢谢你，我们明天见。
男：好，到家给我打电话，再见。
女：再见。
问：女的怎么回家？

34．女：你家的狗为什么叫“小黑”？
男：因为它是黑色的，所以我们叫它“小黑”。
女：它几岁了？
男：三岁了。
问：他家的狗叫什么名字？

35．男：你的舞跳得很好。
女：谢谢您！
男：你学习跳舞多少年了？
女：我从五岁开始学习跳舞，到现在有十二年了。
问：女的学习跳舞多长时间了？

听力考试现在结束。

H21118 卷答案

一、听 力

第一部分

1. ×	2. √	3. ×	4. √	5. √
6. √	7. ×	8. √	9. ×	10. ×

第二部分

11. A	12. E	13. F	14. B	15. C
16. B	17. E	18. A	19. C	20. D

第三部分

21. A	22. C	23. A	24. A	25. B
26. A	27. B	28. B	29. C	30. C

第四部分

31. C	32. B	33. C	34. B	35. C

二、阅 读

第一部分

36. F	37. B	38. C	39. E	40. A

第二部分

41. A	42. F	43. C	44. B	45. D

第三部分

46. ×	47. ×	48. √	49. √	50. ×

第四部分

51. D	52. C	53. B	54. F	55. A
56. A	57. C	58. B	59. D	60. E

新汉语水平考试

HSK（二级）

H21119

注　意

一、HSK（二级）分两部分：

　1．听力（35 题，约 25 分钟）

　2．阅读（25 题，22 分钟）

二、听力结束后，有 3 分钟填写答题卡。

三、全部考试约 55 分钟（含考生填写个人信息时间 5 分钟）。

中国　北京　　　　国家汉办/孔子学院总部　编制

一、听 力

第 一 部 分

第 1-10 题

例如：		√
		×
1.		
2.		
3.		
4.		
5.		

6.		
7.		
8.		
9.		
10.		

第二部分

第 11-15 题

A

B

C

D

E

F

Nǐ xǐhuan shénme yùndòng?
例如：男：你 喜欢 什么 运动 ？

Wǒ zuì xǐhuan tī zúqiú.
女：我 最 喜欢 踢 足球 。 D

11.

12.

13.

14.

15.

第 16-20 题

A

B

C

D

E

16. □

17. □

18. □

19. □

20. □

第三部分

第 21-30 题

例如：男：Xiǎo Wáng, zhèlǐ yǒu jǐ ge bēizi, nǎge shì nǐ de?
小王，这里有几个杯子，哪个是你的？

女：Zuǒbian nàge hóngsè de shì wǒ de.
左边那个红色的是我的。

问：Xiǎo Wáng de bēizi shì shénme yánsè de?
小王的杯子是什么颜色的？

A hóngsè 红色 ✓　　B hēisè 黑色　　C báisè 白色

21. A gōngsī 公司　　B jīchǎng 机场　　C huǒchēzhàn 火车站

22. A shēngbìng le 生病了　　B péngyou lái le 朋友来了　　C qù xuéxiào le 去学校了

23. A yīshēng 医生　　B lǎoshī 老师　　C fúwùyuán 服务员

24. A bú kèqi 不客气　　B duō chī diǎnr 多吃点儿　　C huānyíng zài lái 欢迎再来

25. A lí jiā yuǎn 离家远　　B fēicháng piàoliang 非常漂亮　　C fángjiān tài shǎo 房间太少

26. A dǎ chē 打车　　B zǒu lù 走路　　C zuò fēijī 坐飞机

27. A chá 茶　　B niúnǎi 牛奶　　C kāfēi 咖啡

28. A zhuōzi 桌子　　B yǐzi 椅子　　C zìxíngchē 自行车

29. A jiàoshì 教室　　B fànguǎnr 饭馆儿　　C tóngxué jiā 同学家

30. A qù Zhōngguó 去中国　　B duō dú shū 多读书　　C zuò yuǎn xiē 坐远些

第四部分

第 31-35 题

例如：

女：Qǐng zài zhèr xiě nín de míngzi.
请在这儿写您的名字。

男：Shì zhèr ma?
是这儿吗？

女：Bú shì, shì zhèr.
不是，是这儿。

男：Hǎo, xièxie.
好，谢谢。

问：Nán de yào xiě shénme?
男的要写什么？

A míngzi 名字 ✓　　B shíjiān 时间　　C fángjiān hào 房间号

31. A shāngdiàn 商店　　B yàodiàn 药店　　C diànyǐngyuàn 电影院

32. A hěn rè 很热　　B xià yǔ le 下雨了　　C tiān qíng le 天晴了

33. A tiān yīn le 天阴了　　B gōngsī máng 公司忙　　C bú huì yóu 不会游

34. A kāi mén 开门　　B mài shuǐguǒ 卖水果　　C mǎi chēpiào 买车票

35. A qǐwǎn le 起晚了　　B juéde lěng 觉得冷　　C méi tīngdǒng 没听懂

二、阅 读

第一部分

第 36-40 题

A　　B

C　　D

E　　F

Měi ge xīngqīliù, wǒ dōu qù dǎ lánqiú.
例如：每 个 星期六，我 都 去 打 篮球 。　　D

Qīzi zhè jǐ tiān hěn máng, suǒyǐ wǒ xǐ yīfu.
36. 妻子 这 几 天 很 忙，所以 我 洗 衣服。　　☐

Shì sān bǎi ma? Gěi nín.
37. 是 三 百 吗？给 您 。　　☐

Tā xiàozhe duì wǒ shuō: "zàijiàn, míngtiān jiàn."
38. 她 笑着 对 我 说："再见，明天 见。"　　☐

Nǐ mǎi xīn diànnǎo le?
39. 你 买 新 电脑 了？　　☐

Tā děng hěn cháng shíjiān le, Gāo xiǎojiě hái méi dào.
40. 他 等 很 长 时间 了，高 小姐 还 没 到 。　　☐

第二部分

第 41-45 题

A màn 慢	B yòubian 右边	C shìqing 事情	D jièshào 介绍	E guì 贵	F lǚyóu 旅游

Zhèr de yángròu hěn hǎochī, dànshì yě hěn

例如：这儿的 羊肉 很 好吃， 但是 也 很（ E ）。

nàge bēizi shì wǒ de.

41.（ ）那个 杯子 是 我 的。

Měi nián dōu yǒu hěn duō rén qù nàr

42. 每 年 都 有 很 多 人 去 那儿（ ）。

Zuò chuán yě kěyǐ, dànshì huì jǐ ge xiǎoshí.

43. 坐 船 也 可以， 但是 会 （ ）几 个 小时 。

Wǒ yíxià, zhè shì wǒ dìdi.

44. 我（ ）一下， 这 是 我 弟弟。

Nǐ hǎo, qǐng wèn Qián xiānsheng zài jiā ma?

45. 女：你 好， 请 问 钱 先生 在 家 吗？

Tā chūqù le, nín yǒu shénme

男：他 出去 了， 您 有 什么 （ ）？

第三部分

第 46-50 题

Xiànzài shì diǎn fēn, tāmen yǐjīng yóule fēnzhōng le.
例如：现在是 11 点 30 分，他们已经游了 20 分钟了。

Tāmen diǎn fēn kāishǐ yóuyǒng.
★ 他们 11 点 10 分开始游泳。 （ √ ）

Wǒ huì tiàowǔ, dàn tiào de bù zěnmeyàng.
我会跳舞，但跳得不怎么样。

Tā tiào de fēicháng hǎo.
★ 她跳得非常好。 （ × ）

Jīnnián méiyǒu qùnián lěng, Běijīng dào xiànzài hái méi xià xuě.
46. 今年没有去年冷，北京到现在还没下雪。
Qùnián zhège shíhou, yǐjīng xiàguo cì xuě le.
去年这个时候，已经下过 4 次雪了。

Běijīng jīnnián bǐ qùnián lěng.
★ 北京今年比去年冷。 （ ）

Zhè kuàir shǒubiǎo shì wǒ suì shēngrì nà tiān bàba sòng wǒ de,
47. 这块儿手表是我 8 岁生日那天爸爸送我的，
zhè shì wǒ de dì-yī kuàir shǒubiǎo, hěn piàoliang ba?
这是我的第一块儿手表，很漂亮吧？

Tā hěn xǐhuan nà kuàir shǒubiǎo.
★ 他很喜欢那块儿手表。 （ ）

Nǐ shàng ge yuè méi zěnme yùndòng ba? Míngtiān hé wǒ yìqǐ qù tī
48. 你上个月没怎么运动吧？明天和我一起去踢
zúqiú zěnmeyàng? Dǎ lánqiú yě kěyǐ.
足球怎么样？打篮球也可以。

Tā bú huì dǎ lánqiú.
★ 他不会打篮球。 （ ）

49. Qiánmiàn shuōhuà de nàge rén jiù shì wǒ de Hànyǔ lǎoshī, wǒ zuì ài
前面 说话 的 那个 人 就 是 我 的 汉语 老师，我 最 爱
shàng tā de kè.
上 他 的 课。

Tā bú rènshi nàge rén.
★ 他 不 认识 那个 人。 (　　)

50. Xiǎo Zuǒ, xièxie nǐ, zhèxiē tí wǒ dōu huì zuò le. Nǎ tiān nǐ yǒu
小 左，谢谢 你，这些 题 我 都 会 做 了。哪 天 你 有
shíjiān? Wǒ qǐng nǐ chī fàn ba?
时间？我 请 你 吃 饭 吧？

Xiǎo Zuǒ bāngzhùle tā.
★ 小 左 帮助了 他。 (　　)

第四部分

第 51-55 题

A　Bù kěnéng ba? Wǒ kànkan.
不可能吧？我看看。

B　Zhè shì nǐ de xiǎo māo? Tā jiào shénme míngzi?
这是你的小猫？它叫什么名字？

C　Nǐ nǚ'ér dōu zhème dà le?
你女儿都这么大了？

D　Shì, bù piányi, duō kuài qián ne.
是，不便宜，1000 多块钱呢。

E　Tā zài nǎr ne? Nǐ kànjiàn tā le ma?
他在哪儿呢？你看见他了吗？

F　Hǎo duō le, cóng zuótiān kāishǐ jiù juéde hǎo duō le.
好多了，从昨天开始就觉得好多了。

例如：Tā hái zài jiàoshì li xuéxí.
他还在教室里学习。　[E]

51. Jīntiān de bàozhǐ shang yǒu ge zì xiěcuò le.
今天的报纸上有个字写错了。　[ ]

52. Lèle, "kuàilè" de "lè".
乐乐，"快乐"的"乐"。　[ ]

53. Bù, tā shì wǒ jiě de háizi.
不，她是我姐的孩子。　[ ]

54. Chī yào le ma? Xiànzài shēntǐ zěnmeyàng?
吃药了吗？现在身体怎么样？　[ ]

55. Zhè jiàn yīfu zhēn piàoliang, hěn guì ba?
这件衣服真漂亮，很贵吧？　[ ]

第56-60题

A Wǒ xiǎng ràng nǐ bāng wǒ mǎi běn shū.
我想让你帮我买本书。

B Shì, dàjiā wánr de hěn gāoxìng.
是，大家玩儿得很高兴。

C Mā, nín kànjiàn wǒ de shǒujī le ma?
妈，您看见我的手机了吗？

D Yǒu yú, yǒu yángròu, hái yǒu jīdàn.
有鱼，有羊肉，还有鸡蛋。

E Hǎo de, wǒ zhīdào le.
好的，我知道了。

56. Nǐ gěi wǒ dǎ diànhuà le? Duìbuqǐ, yǒu shénme shì ma?
你给我打电话了？对不起，有什么事吗？ ☐

57. Zhàngfu mǎi huílái hěn duō dōngxi.
丈夫买回来很多东西。 ☐

58. Nǐ zài zhǎo shénme ne?
你在找什么呢？ ☐

59. Xiěwán le? Shuìjiào ba, míngtiān hái yào zǎo diǎnr qǐchuáng.
写完了？睡觉吧，明天还要早点儿起床。 ☐

60. Nǐmen zuótiān xiàwǔ qù chànggē le?
你们昨天下午去唱歌了？ ☐

H21119 卷听力材料

（音乐，30 秒，渐弱）

大家好！欢迎参加 HSK（二级）考试。
大家好！欢迎参加 HSK（二级）考试。
大家好！欢迎参加 HSK（二级）考试。

HSK（二级）听力考试分四部分，共 35 题。
请大家注意，听力考试现在开始。

第一部分

一共 10 个题，每题听两次。

例如：我们家有三个人。
　　　我每天坐公共汽车去上班。

现在开始第 1 题：

1. 今天的鸡蛋很便宜。
2. 您好，我姓王，您贵姓？
3. 他打篮球去了。
4. 你的眼睛怎么了？
5. 你向上看，在那儿。
6. 听了妻子的话，他很高兴。
7. 他们两个人正在吃西瓜。
8. 给你，这是今天的报纸。
9. 上面写着呢，二十元一斤。
10. 她们累了，在睡觉呢。

第二部分

一共 10 个题，每题听两次。

例如：男：你喜欢什么运动？
　　　女：我最喜欢踢足球。

现在开始第 11 到 15 题：

11．女：七点了，快起床！
男：我不是告诉你了吗？今天休息。

12．男：你每天都去跑步？
女：是，我每天早上跑三十分钟。

13．女：坐那儿的那个人是谁？你认识吗？
男：她是我妹妹。

14．男：您好，请问是在这里学习跳舞吗？
女：是的，请进。

15．女：谢谢您帮我找到了它。
男：不客气，你的狗几岁了？

现在开始第 16 到 20 题：

16．男：这两件都很好，你觉得呢？
女：那我两件都要。

17．女：这里面是什么？你买苹果了？
男：不是，那是学生送的。

18．男：谁来回答这个问题？
女：老师，我，我会。

19．女：你知道我现在多少斤了？
男：多少？四十五公斤？

20．男：今天上午有考试？
女：不是上午，是下午。

第三部分

一共 10 个题，每题听两次。

例如：男：小王，这里有几个杯子，哪个是你的？
女：左边那个红色的是我的。
问：小王的杯子是什么颜色的？

现在开始第 21 题：

21．女：喂，你到火车站了吗？
男：没呢，我还在公共汽车上呢。
问：男的要去哪儿？

22．男：你昨天没来上班？
女：是，我生病了，在家休息了一天。
问：女的昨天为什么没来上班？

23．女：我听说你儿子在医院工作？
男：是，他是医生。
问：他儿子是做什么的？

24．男：今天的这个菜做得真好吃！
女：好吃就多吃点儿，还要米饭吗？
问：女的是什么意思？

25．女：这儿真漂亮。
男：是，太漂亮了，我们在这儿多住几天吧。
问：他们觉得这儿怎么样？

26．男：快一点儿，已经十点了。
女：我们坐出租车去，十五分钟就能到。
问：女的准备怎么去？

27．女：你每天下午都要喝咖啡吗？
男：是，这样我就不会觉得累了。
问：男的每天下午要喝什么？

28．男：你来看一下，这张桌子怎么样？
女：颜色不好看，不知道有没有白色的。
问：他们在看什么？

29．女：中午我们去哪儿吃饭？
男：公司旁边有个小饭馆儿，去那儿吧。
问：男的想去哪儿吃饭？

30．男：看电视的时候，别离电视太近，这样对眼睛不好。
女：我知道。
问：男的希望女的怎么样？

第四部分

一共 5 个题，每题听两次。

例如：女：请在这儿写您的名字。
　　　男：是这儿吗？
　　　女：不是，是这儿。
　　　男：好，谢谢。
　　　问：男的要写什么？

现在开始第 31 题：

31．男：你要去哪儿？
　　女：这儿有商店吗？我想去买点儿水。
　　男：后面，在后面有个小商店。
　　女：好，你等我一下。
　　问：女的要去哪儿？

32．女：外面是不是下雨了？
　　男：我看看，是下雨了。
　　女：那我们还去看电影吗？
　　男：去，雨很小，没关系。
　　问：现在天气怎么样？

33．男：明天你休息吧，我们去游泳怎么样？
　　女：下星期吧，明天我上班。
　　男：星期日也上班？
　　女：是，因为这两天公司很忙。
　　问：女的为什么不去游泳？

34．女：哥，二十六号的车票卖完了，二十七号的可以吗？
　　男：二十七号？星期几？
　　女：星期四，晚上九点零五的。
　　男：也可以，你帮我买吧，谢谢。
　　问：女的在帮男的做什么？

35．男：你穿这么少，不冷吗？
　　女：是有点儿冷。
　　男：怎么不多穿件衣服呢？
　　女：我没想到今天这么冷。
　　问：女的怎么了？

听力考试现在结束。

H21119 卷答案

一、听 力

第一部分

1. ×	2. √	3. √	4. ×	5. √
6. ×	7. √	8. ×	9. √	10. ×

第二部分

11. C	12. B	13. A	14. F	15. E
16. C	17. E	18. A	19. B	20. D

第三部分

21. C	22. A	23. A	24. B	25. B
26. A	27. C	28. A	29. B	30. C

第四部分

31. A	32. B	33. B	34. C	35. B

二、阅 读

第一部分

36. E	37. F	38. B	39. A	40. C

第二部分

41. B	42. F	43. A	44. D	45. C

第三部分

46. ×	47. √	48. ×	49. ×	50. √

第四部分

51. A	52. B	53. C	54. F	55. D
56. A	57. D	58. C	59. E	60. B

图书在版编目（CIP）数据

新汉语水平考试真题集：2012版. HSK二级 / 国家汉办 / 孔子学院总部编. —北京：商务印书馆，2012

ISBN 978-7-100-08902-9

I. ① 新… II. ① 国… III. ① 汉语-对外汉语教学-水平考试-试题 IV. ① H195.4-44

中国版本图书馆CIP数据核字（2012）第016589号

新汉语水平考试真题集 HSK（二级）

2012版

国家汉办 / 孔子学院总部 编制

商 务 印 书 馆 出 版

（北京王府井大街36号 邮政编码 100710）

商 务 印 书 馆 发 行

北 京 瑞 古 冠 中 印 刷 厂 印 刷

ISBN 978-7-100-08902-9

2012年3月第1版　　开本 880×1240 1/16

2012年3月北京第1次印刷　　印张 6¾

定价：55.00元